中山出版
ZHONGSHAN　PUBLISHING
香山承文脉　好书读百年

Hello,火炬区

柯燕媚　文 / 绘

SPM
南方出版传媒
广东人民出版社
· 广州 ·

图书在版编目（CIP）数据

Hello，火炬区 / 柯燕媚 文、绘. -- 广州：广东人民出版社，2017.7
（"Hello，中山"手绘漫画系列）

ISBN 978-7-218-11919-9

Ⅰ. ①H… Ⅱ. ①柯… Ⅲ. ①区（城市）—概况—中山—图集 Ⅳ.
①K926.54-64

中国版本图书馆CIP数据核字(2017)第158601号

HELLO, HUO JU QU

Hello，火炬区　　柯燕媚　文 / 绘

出 版 人：肖风华

责任编辑：李锐锋　吴锐琼
装帧设计：陈宝玉

统　　筹：广东人民出版社中山出版有限公司
执　　行：何腾江　吕斯敏
地　　址：中山市中山五路 1 号中山日报社 8 楼（邮编：528403）
电　　话：（0760）89882926　　（0760）89882925

出版发行：广东人民出版社
地　　址：广州市大沙头四马路10号（邮编：510102）
电　　话：（020）83798714（总编室）
传　　真：（020）83780199
网　　址：http://www.gdpph.com
印　　刷：广州市岭美彩印有限公司
开　　本：787mm×1092mm　1/32
印　　张：4.5　　字　　数：41千
版　　次：2017年11月第1版　2017年11月第1次印刷
定　　价：25.00元

如发现印装质量问题影响阅读，请与出版社（0760-89882925）联系调换。
售书热线：（0760）88367862　邮购：（0760）89882925

总序 ｜ 写画心中的城

　　都说现在是一个"看脸"的时代，手绘漫画图书的热销，就是标志之一。"轻阅读"的流行，正是时代发展的产物。与时俱进，我们打造了这套"Hello，中山"手绘漫画系列，一是让年轻人利用自己的地缘优势讲好"中山故事"，传播家乡传统文化；二是给年轻人机会出版作品，毕竟出书是一件严肃又庄重的事情，也是值得一辈子自豪的事情。

　　"Hello，中山"手绘漫画系列是一套开放式的选题，计划以每年出版一二十种新书的规模，以陆续出版、不断充实、不断丰富的方式，用若干年的时间，打造一套有规模、有品位、有传承力、有影响力的具有中山特色的原创手绘漫画书系。

　　作为"Hello，中山"手绘漫画系列的策划人，我期待中的这套书不止是巡礼式地给中山 24 个镇区各出一册，而是 N 册，同时扩充至其他领域，比如老字号、非物质文化遗产等，形成一套三五十册的较大规模，可较长时间立于中山人书架上的系列图书。所以，做好这一套图书，我们将坚持以下几点——

一是充分调动年轻人的积极性，邀请能写能画且熟悉中山的土著的非土著的年轻人加盟。2015 年 7 月出版的《Hello，石岐》作为"Hello，中山"手绘漫画系列的第一本，其作者是当地一所大学的应届毕业生，书稿其实就是两个年轻女孩子的毕业创作作品。在一次展览上，我们看中了书稿，于是拿过来出版。结果出版后，反响很好，于是我们又广罗人才，邀请了更多年轻人参照《Hello，石岐》的模式，给其他镇区画、写，慢慢积累，就有了 2016 年 8 月重磅推出的《Hello，石岐Ⅱ》《Hello，沙溪》《Hello，南朗》《Hello，神湾》等。我们的出发点很明确，就是让中山的年轻人用自己的视角和喜爱的方式来讲述中山的故事，这是一个全新看中山的角度，让他们不囿于传统的模式去审视自己熟悉的地方。年轻人也可以借用这种新的形式来发挥自己的才能。它不仅让中山人认识中山，还让中山人重新探索和思考中山，同时去发现一个不一样的中山。

二是强调了书稿的本土性和原创性。越是民族的，越是世界的。中山是伟人故里，具有 800 多年的历史，人文丰盈、历史深厚、自然优美，可写可画的东西很多。有一句话说，世界不是缺少美，而是缺少发现美的眼睛。"Hello，中山"手绘漫画系列鼓励年轻的画家、作家去发现中山人都未必知道的中山，这激发了年轻人的热情。许多作者反馈回来的信息是，如果不是绘、写自己的家乡，还真不知道自己的家乡有这么美。

三是坚持内容为王。按照目前的出版方向，一是以行政区域为主题，二是选择可入画的中山题材。就拿行政区域这一主题来说，在执行的过程中，很容易做成官方宣传资料，这明显偏离了我们的初衷。凡是将官方资料堆积在书稿里，我们一律要求作者重新写。要用自己的语言来写自己可亲可爱的家乡。读者之所以喜爱这套图书，主要原因不仅是形式上活泼，还有就是内容上新颖。可读性成为重中之重。

四是安排了得力编辑专心打造。"Hello，中山"手绘漫画系列的前期指导作者的工作量超乎想象，原因无外乎：作者都是没有写书、编书、出书的经验，这样的问题那样的问题，时不时要编辑回答；对家乡的重点历史人文、传统文化等拿捏不准。我们专门安排了两位责任编辑来负责，随时随地指导好这一批年轻作者，以期共同做好这一套书。同时，在排版设计上，紧紧跟随当下畅销书的风向标，大胆启用大腰封，力求与传统的装帧方式有所区别，以更贴近年轻人的心理要求。

五是着重打造品牌效应。一种品牌就是一种无形资产，我们立足中山将近6年时间了，一直强调品牌的影响力，也打造了一批诸如"中山客"、"廉洁中山"、"故事中山"等品牌图书，得到了读者的普遍认可。我想，品牌代表的是一种不可多得的美誉度、可信度，而这些才是真正的无价之宝。"Hello，中山"手绘漫画系列从一开始的策划就立足于品牌效应了，为此我们专门设计了这套书的Logo、函套，还有手提袋，甚至还有它们的衍生产品——明信片、T恤、茶杯等。目前，这套书的品牌效应慢慢凸显出来了，难能可贵。

出版是个小行业，而且我们是在中山这样的小地方做出版，难度可想而知。但是，文化是个大产业，前景一片光明。我们将按照广东人民出版社中山出版有限公司的出版宗旨——"香山承文脉，好书读百年"，全力把"Hello，中山"手绘漫画系列打造成为品牌图书。

广东人民出版社中山出版有限公司总经理|何腾江

目 录

我来自火炬 / 1

风水宝地濠头村 / 3

走进碉楼成群的大环村 / 24

探访珊洲古村 / 41

跟火炉没有关系的灰炉村 / 51

民俗文化代代相传 / 59

吃喝玩乐我最在行 / 69

生态公园就在身边 / 99

历史的痕迹 / 114

蓬勃的高新技术区 / 119

我来自火炬

Hello，欢迎来到火炬区！我是火炬历史小姐，今天让我来跟大家聊聊中山火炬高技术产业开发区吧。

中山火炬高技术产业开发区简称"火炬开发区"，也叫"火炬区"，因位于中山市东部，历史上又称"东乡"。火炬区一向以"高新技术产业"为关键词。也许你知道它是创造之城、科技之城、未来之城，可她的魅力远不止于此。

火炬区总面积 92.23 平方公里，南部为丘陵地带，以平原为主，东临横门出海口，南至南朗镇，西与石岐区及东区接壤，北隔横门水道与民众镇相望，故火炬区的特色——东乡民歌与民众镇的"咸水歌"相仿。

多年前，这里还只是一个颇具岭南风情的小小渔村，多年后，这里已成为世界众多品牌财富和才智精英的荟萃之地。有人说，火炬区是个年轻的"高富帅"高新区。火炬区是由国家科技部、广东省政府和中山市政府于 1990 年共同创办的国家级高新区。在这片面积 90 多平方公里、总人口 24.5 万的热土上，汇聚了来自 20 多个国家和地区的知名企业，其出口创汇位居全国高新区十强。

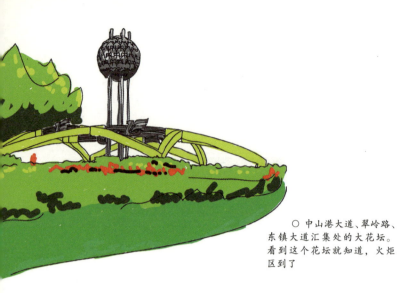

○ 中山港大道、翠岭路、东镇大道汇集处的大花坛。看到这个花坛就知道,火炬区到了

目前,火炬区正经历着从"火炬速度"到"火炬效益"再到"火炬模式"的重大跨越,但它还是保留了原有的人文气息,并且保留下多处名胜古迹和流传至今的民俗文化、传统活动。来到这里,你会发现火炬区除了令人骄傲的现代化城市建筑和整齐划一的道路外,深藏在她背后的一条条村庄,一个个地名,一片片古迹,一段段故事,也会勾起人们对火炬区过去历史的回忆。

除了名胜古迹,火炬区还有许多自然小景区。放假休闲娱乐,到这里绝对是个不二的选择。如:去农庄,可以吃喝玩乐一整天。如果想购物,中山东部 CBD 就在这里,绝对能满足你时尚购物、品尝美食的欲望。

下面请跟着我和小蓝,一起踏入淳朴、上进的火炬区,感受别样风采吧。

风水宝地濠头村

在东区与火炬区交界处，繁华之中保留了一方宁静的世外桃源，那就是濠头村。濠头建村八百多年，几乎与香山县同龄，是中山历史最悠久的大村落之一。

濠头村旧称濠头乡，曾为东乡商业集中之地，有"小石岐"之称。相传在南宋绍定年间 (1228—1233)，郑谷彝、郑谷纯兄弟来到马背林山五马峰下，看到一片连绵的山峰，山峰下临近海湾，有小溪，溪中盛产蚝，觉得此地能劳作生息，于是就定居于此，成为蚝溪村的开村之祖。后来小溪易名为濠头涌，村子因此得名。

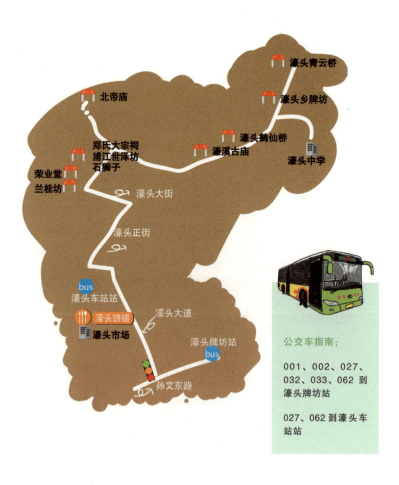

公交车指南：

001、002、027、032、033、062 到濠头牌坊站

027、062 到濠头车站站

没有酒的"兰桂坊"和"鬼楼"荣业堂

来到濠头村，当然要去体验一下"兰桂坊"的风采。对，是与香港著名的酒吧街兰桂坊同名哦！沿着岐濠路，转入濠头大街，不到一百米，"兰桂坊"就映入眼帘。它是一个牌坊，上刻"兰桂坊"三个灰色的繁体字，别有一番韵味。

这是有别于香港的"兰桂坊"，濠头兰桂坊没有酒啦！

○ 濠头兰桂坊牌坊

○ 荣业堂

　　荣业堂是一幢仿西洋式建筑，被当地村民称为"鬼楼"，位于兰桂坊牌坊前面。两层高的西洋楼建筑，总体呈灰白色，大铁门上的建筑长着厚厚的一层青苔。荣业堂其实是私人房屋，后来在20世纪七八十年代做过大队部、卫生站，也做过餐厅，后被丢空。现在大门紧锁，外人进不去，成为谜一般的存在，被称为"鬼楼"。

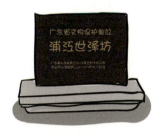

"浦江世泽"牌坊

　　说起濠头村，一定要提到"浦江世泽"牌坊。

　　"浦江世泽"牌坊始建于明崇祯九年（1636），清雍正八年（1730）重修，1992 年、2005 年再修，为清代牌坊风格。牌坊为四柱三间三楼式，用花岗石雕凿构筑。牌坊正、背面正间字牌中间分别阳刻"浦江世泽""昭代褒崇"字样，两侧阳刻人物图案。牌坊前后都有三级石阶。整座牌坊长 11.8 米，宽 4.05 米，通高 8.5 米，面积约 48 平方米。

　　这个牌坊是中山现存较好、始建年代较早的牌坊建筑之一。

○ "浦江世泽"牌坊

郑氏大宗祠与石狮子

在"浦江世泽"牌坊的后面是郑氏大宗祠。郑氏大宗祠是濠头村现存最大的宗祠，被列入广东省文物保护单位。

郑氏大宗祠，又称尚纶尚绅二祖祠，始建于明朝天启四年（1624），清乾隆四十年（1775）重修，2005年再修，保留了清代建筑风格。

祠堂坐西北向东南，原为五间三进砖木结构，据称建造时所有木材由外国进口，所有石柱由人手磨制，可谓精雕细刻。现仅存二进台基、天井基础及三进建筑，面积约1025平方米。三进建筑原为"拔进"，现堂号称为"崇善堂"，硬山顶，龙舟脊，镬耳山墙，黄琉璃瓦当，青砖外墙。

濠头郑氏大宗祠原制规模较大，体现了典型的中山清代祠堂建筑特色，具有较高的历史价值和建筑艺术价值。

○ 郑氏大宗祠门口

○ 郑氏大宗祠

　　"荥阳派远，浙水支长"是悬挂在宗祠大门上的对联，简单明了却又形象地记载了郑氏一族的来源与传承。

　　濠头郑氏传承自浙江郑氏。该宗族有过不少的世称，包括明太祖朱元璋赐称的"江南第一家"。郑氏在濠头开族以来，族人最为推崇的便是"义门郑"。因为其中蕴含的是族人"团结一致，重情重义"的相处之道以及宗族族风。

　　濠头郑氏族人秉承168条《郑氏家规》，对后代进行约束，无论为官还是务农，都需遵照家规为人处世。在严格的族风约束下，从明朝到晚清，濠头郑氏共有900多人封官，其中进士、知县以上多达32人。

　　现在祠堂里面新修建了一些供村民使用的活动室，如舞蹈室、乒乓球室、阅览室等，还不时举办各种活动。

○ 修身学堂

○ 郑氏大宗祠区域展示图

濠头村的石狮子闻名遐迩。石狮子雕刻于明代，以黑花岗石塑造，共两只，一雄一雌，现立于濠头郑氏大宗祠门口。石狮子呈蹲伏状，前高约1米，下设垫石板。垫座高60厘米，垫座四周附有花纹图案浮雕，正面为向日葵，两侧为富贵花。石狮子伫立着，气势磅礴。

○ 石狮子

美景，再配上一个雅名，往往就能给后世人以美好的遐想。濠头村历史上也有吸引人的"八景"，分别是"虾泉试茗"、"谷口听莺"、"山斋步月"、"鹅峰闻笛"、"香林避暑"、"涌桥夜泊"、"青云晚眺"、"文阁观潮"。在郑氏大宗祠的宣传栏里对八景有介绍，可惜的是，那些优美的风光大多已经成为"传说"。

◆ 虾泉试茗

马背林山中有一个水池，池不大，但常年流水淙淙。池水清澈如镜，俯身下望，全是白色细沙。池水含矿物质较多、较甜。池内有小虾，全是金黄色。取池水烧开泡茶喝，生津止渴，可比柏山龙井。

在清道光年间（1821–1850），村人立下一座石碑，上刻隶体"今虾泉"三字，据说是李菊水之弟子龙念嘉之手迹。石碑至今完整无缺。

○ 濠头八景之虾泉试茗

◆谷口听莺

从北帝庙通往白沙湾村之间有一座用花岗石建造的闸门。那里一带绿树成林，遮天蔽日。林中雀鸟成群，从早到晚可以听到鸟儿悦耳的歌声，还有阵阵花香扑鼻。不少乡人，特别是老年人，常到此散步休憩，听枝头百鸟争鸣，其中流莺鸟的鸣叫声特别好听。

○ 濠头八景之谷口听莺

○ 濠头八景之山斋步月

◆ 山斋步月

　　踏入北帝庙的地藏王殿内，有一个半月形的红砖拱门，便是"山斋步月"之山斋。据说很久以前，有一个和尚在庙里念佛，月圆之夜时，只见月光如水，于是便徐徐漫步。"山斋步月"因此得名。现在这里晚上大门紧锁，"山斋步月"永远留在传说中了。

◆ 鹅峰闻笛

　　位于北帝庙北面的山峰，有一座形似一只在水面上漂浮的鹅，故名水流鹅山。水流鹅山山上松林密布，山间水声潺潺，山下绿草如茵。当年不少牧童到此放牧，吹奏短笛，大唱山歌。笛声、歌声与山间流水声、风吹树叶的沙沙声相混，构成悠扬的乐曲，"鹅峰闻笛"由此得名。

◆ 香林避暑

自古就有村民在马背林山上种植沉香树，山下有武侯庙，俗称香林庙。那里古木参天，浓荫蔽日，空气清新，环境优美，是避暑的好地方。沉香林现已不存。

◆ 涌桥夜泊

沿着濠头正街、涌口正街、涌口下街一直往濠二村走，便来到鹤仙桥。鹤仙桥连接着河涌两岸的百姓人家。"涌桥夜泊"中的涌桥，指的就是鹤仙桥。

这里河面较宽，可以想象以前停泊着一二十艘渔船，晚上渔火点点，船民坐在船头休息，有说有笑，有时还唱上一两段渔歌的情景。夜光柔和，各种声音交融，构成涌桥夜泊的魅力场景。如今，再也没有渔船在鹤仙桥下停泊了，小河也成了"濠头黑龙江"，后人只能凭着字意来遥想当时的美景。

○ 濠头八景之涌桥夜泊

◆ 青云晚眺

沿着鹤仙桥河涌往前走，通过濠头乡牌坊，再往里走一段路，就可以看到青云桥。

现在桥下河水早已被污染，尽管两岸种植了很多绿色植物，但也无法掩盖其长期弥漫的一股臭味。落日依旧，却再也无法还原晚眺余晖的写意情景。

青云桥于清宣统元年（1909）修建，是三孔石桥，中孔砌墩，全长20米，主桥高6米，宽2.1米，用6条麻石条作桥面，两侧是后人更换的红色铁护栏，现在也已经锈迹斑斑。桥为东西走向，东有13级步级，西有11级步级，砖砌桥墩，桥边石刻楷书"青云桥"。

该桥于2009年被列入中山市文物保护单位。桥边原有一石碑，可惜早些年掉入水中无法捞取。

○ 青云桥

◆ 文阁观潮

在距离青云桥约 100 米的地方，过去有一座文阁塔。登上七层楼高的文阁塔，可以遥望远处的汪洋大海。"文阁观潮"因而得名。文阁塔早在"大跃进"时期被拆毁。沧海桑田，大海也被平地取代。现在来到青云桥附近，已找不到文阁塔的踪迹了。

濠溪古庙

濠溪古庙是濠头保存较好的清代庙宇建筑之一，清光绪九年（1883）第一次重修，2001 年再修。2012 年，濠溪古庙被列为"中山市不可移动文物"，从此得到更好的保护与传承。

古庙大门上方饰有人物、山水彩画，门前三级石阶两侧镶抱鼓石，两侧正墙上部饰诗词书法，墀头饰人物灰塑。经过多年的风吹雨打，许多细节已模糊不清。庙里也被熏黑，由此可以想见当年的香火鼎盛。

○ 濠溪古庙

在郑氏大宗祠内，供奉着多条每年庆典时使用的木龙。从外表上看，它们与西区长洲醉龙大同小异。每年农历四月初八浴佛节时，濠头郑氏族人都会举行自己的特色庆典——舞木龙。

相传在南宋时期，濠头依山傍海，当时的郑氏族人主要靠出海捕鱼为生。有一次，一位族人在海上捕鱼时突然觉得手中的渔网猛然一沉，以为有大收获，于是拼命拉网上船，拉上来后发现网内只有一截三四尺长的木头。他失望地把木头扔回大海中，但此后几次撒网都网到了这截木头。族人隐约觉得网中木头像龙头，于是带回家供奉，从此他每次出海捕鱼都收获颇丰。街坊邻居得知后，纷纷前来供奉这截神奇的木头，此后还把木头雕成龙的形状于庆典之时在村中舞动。久而久之，濠头村便有了舞木龙的习俗。

根据习俗，舞木龙是在每年四月初七晚上 11 点左右开始，11 点之前要为木龙洗去尘垢、点睛。舞木龙的地点在北极殿前的坪子上。濠头舞木龙多次出现在中山慈善万人行、文化下社区及各大型文艺晚会中，还角逐过"山花奖"等民间艺术奖项，可谓风光无限。

○ 舞木龙

〇 舞木龙

〇 团体合作舞木龙
并且口喷白酒助兴

濠头的舞龙舞狮同样有着悠久的历史，特别是舞"五大金龙"。舞"五大金龙"从民国初期流传至今，甚至有"有濠头就有舞金龙"的说法。濠头人将舞龙称作"耍龙"。"金龙"的特点是大，属于"重龙"，仅龙头就重35公斤，全长41米。龙分四大部分——龙珠、龙头、龙身、龙尾，而在龙身的周边布有龙爪。耍龙珠必须由专业人士操控，他们有固定的招式和套路。而拽龙尾的人也相当重要，当金龙舞起来的时候冲击力很大，所以拽龙尾的人力量必须足够大，才能起到固定舞金龙的节奏，因此，舞金龙至少要70多个人才能舞起来。

　　与舞龙齐名的还有舞狮。濠头舞狮闻名遐迩，每逢佳节或庆典，村民都会以舞狮来助兴，象征吉祥如意。如今虽然几经变迁，但舞狮文化在濠头得到了良好的传承。村民成立了濠头龙狮协会，在各个赛事中争金夺银，在民俗活动中求吉纳福。

○ 舞龙广场表演

○ 双龙抓珠

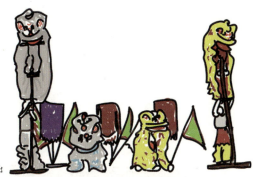

○ 舞狮台上的演出

○ 中山慈善万人行中的舞狮巡演

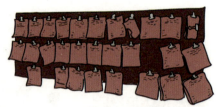

○ 密密的红色订单

百年老字号——濠头饼铺

中山制作传统饼品的老铺已经不多，"濠头饼铺"是其中一家。濠头二村涌口正街3号就是濠头饼铺的所在地。

站在店堂内，能清晰地看到店家制作烧饼的各种流程：擀皮、加馅、成型、刷油、入炉……饼架、烤炉等工具更是摆满眼前。该饼铺是什么时候创立的？村民已经很少有人能说出确切的时间了，只是知

○ 濠头饼铺

道但凡家里有喜事，都会提前来店里预订各式礼饼。据濠头村老人介绍，濠头饼铺的老板并不是饼铺创始人的后代，而是其徒弟。而今徒弟坚持师傅当年的制饼工艺，为周边乡亲做出香甜的饼品。几十年如一日的出品和口味，让许多乡亲都很怀念。每逢中秋节、春节等节日，不少港澳乡亲回乡，特意买上几件店里自制的饼来品尝回味。

目前，店内除了烧饼外，还提供信苏、蛋饼、肉饼、咸信苏等。濠头饼铺的信苏也是街知巷闻的。濠头饼家的信苏，本地人称之为信苏，而外地人称之为烧饼。香脆可口的信苏有两种口味，一种是甜的，另一种是咸的。濠头本地人嫁女儿的礼饼多选择信苏。濠头饼家的信苏，经历了几代人的精心制作与完善，美味可口。许多华侨都对此念念不忘，赞口不绝。

○ 信苏

○ 出炉了

走进碉楼成群的大环村

大环村建于元朝末年，至今已有六百多年历史。经过一代又一代人的延续，这块土地积累了丰厚的历史文化遗产：富有特色的碉楼群，闻名的庙宇、院落、名人祖居比比皆是，"飞将军"张惠长、粤乐宗师吕文成、抗日豪杰张鹏光等名人辈出。大环村的街巷命名也颇具特色，既有以方位命名的，如东环街、中环街、北环街等，也有如卓庭祖街、康乐巷、官巷等有故事韵味的名称。如果将大环村比喻为一座历史文化博物馆，实不为过。

公交车指南：

023、36、212、084、073 到大环西站（往南朗方向，近大环西牌坊约 50 米）

027、061 到华佗山公园站

碉楼成群，红、蓝楼尤为突出

说起碉楼，大家可能会首先想到江门开平。其实火炬区大环村内的雕楼也很有特色。

多年以前，大环村只是个小渔村。到了清末，不少村人漂洋过海谋生，足迹遍布世界各地。民国初期，为了防止土匪、海盗入村抢掠，不少华侨纷纷回乡兴建碉楼。

据统计，目前村里共有碉楼30多座，分别坐落于各条街道之内，大多为钢筋水泥结构，少数为青砖碉楼，三至五层不等。碉楼外墙厚实坚固，大门用沉重的红木、坤甸制作，窗户均装有铁栅。楼顶有天台，建有拱门式月牙门，每层都有1—2个窗眼。碉楼形制朴素、典雅，与民居错落有致地分布在村内。大环碉楼被评为"中山市不可移动文物"。行走在大环村中，一座座碉楼不时呈现于眼前，让人仿佛置身于民国的老街道。

○ 中国首批女飞行员之一
欧阳英故居

在大环村的碉楼中，最出名的要数红碉楼和蓝碉楼。

○ 抗日战争堡垒户

○ 大环村中环东街1号碉楼

中山市不可移动文物

大环红楼

中山市人民政府
二0一二年一月十公布

◆ 红碉楼

　　红碉楼也称红楼。据说红楼呈现出红色是因为墙体上用了红色的"石米"。更特别的是，楼顶上有一座六角小凉亭，做工精致。经过多年的风吹雨打，红楼的外墙颜色依然鲜艳。红楼现在已经丢空。我偶尔经过，看着人去楼空的碉楼，心中有种空空的感觉。

○ 大环村红楼

○ 大环村红楼

◆ 蓝碉楼

　　与红楼交相辉映的是蓝碉楼（村民称为蓝楼）。蓝楼位于东环街
2号，因外墙原为蓝色而得名。蓝楼现在还有居民居住。

　　○ 蓝楼外墙上的蓝色已经
褪色，细看之下才能看到些许
蓝色

张惠长故居

在大环村村委会旁边，有一座近百年历史的西式古宅。古宅是飞将军张惠长当年仕途扶摇直上之际回乡兴建的。房子共两层，坐落于环溪南街33号，呈现出明显的中西合璧风格。故居曾经给村民用做小规模的厂房，当时有村民在里面工作，也有小朋友到那里玩耍。现在房子已被丢空近半个世纪，杂草丛生，只能从远处感受当年的"气势"。

张惠长，字锦威，出生于1898年。青年时期被孙中山委派前往美国接受航空科技知识培训。1928年驾机环飞中国，宣传"航空救国"的主张，轰动全国。1939年他领导中山守备队在横门二次抗击入侵日军，史称横门保卫战。后因支持国共合作，被国民党革职，软禁台湾。1980年，他突发心脏病，与世长辞，享年82岁。

○ 张惠长故居

华佗山公园

　　熟悉大环村的人都知道，大环村有一处风水林，位于华佗山公园内。"山不在高，有仙则灵"，华佗山公园以"外科鼻祖"华佗命名，以健康产业文化为建园根基，集自然生态、绿色环保、中医理疗、康体运动、休闲养生五大功能于一体，是一个四季常青、清新雅致的世外桃源。

○ 华佗石像

○ 华佗山公园正门口

公园内到处栽种了绿油油的树木。游客以轻松的心态前来感受大自然。即使心情不好，来到这也会瞬间被感染，心情舒畅起来。在塔顶俯视园内，到处都是小路，真是"条条道路通山顶"呢。

○ 公园内的小径

○ 清幽的小径

○ 公园一景

走进碉楼成群的大环村　33

每日的早晨或傍晚，许多大环村民都会到此锻炼。他们三五成群，在欢声笑语中上山。外来的游客最好不要在天快黑的时候前去爬山，山上的小径都很相似，不熟悉的话很有可能迷路。

○ 晨练的人们

石鼓烈士公园

　　说起大环村的公园，石鼓烈士公园值得一提，村民亲昵地称其为大石鼓。石鼓烈士公园建在大环村一块面积约 1000 平方米、高约 2 米的石鼓地上。传说石鼓地在建村初期从海滩上显露而出，由大小不一，形态各异的花岗岩石组成。前人在石鼓地上种下两棵大榕树，如今已经有超过一百年的历史。公园上空被枝繁叶茂的大榕树覆盖，荫凉的公园成为村民歇息的好去处。

○ 石鼓烈士公园

○ 石鼓烈士公园的圆形拱门

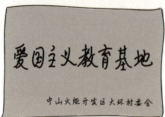

○ 拱门上的牌匾

○ 纪念牌

○ 纪念亭

　　小小的石鼓烈士公园内建有抗日英雄纪念亭，亭上有革命家欧初题写的"抗日英雄纪念亭"七个大字，亭柱上刻有"环溪流水歌壮士，石山亭立赞群英"的对联。纪念亭的东面是纪念碑和抗战英雄简介。公园的四周是褐红花岗岩石围墙及色泽奇异的花卉组成的花基。园内两棵老榕树下设有供游人休息的石椅石桌。

　　抗日战争和解放战争期间，大环村人积极抗击敌人，拥军支前，其中黎民惠、张鹏光、黎源仔等为中山抗战贡献良多。

　　为了纪念大环村的抗日事迹，教育后人，1982 年在村委的大力支持下，由黎一安先生独资在石鼓上建成抗日纪念亭。2000 年经蔡伟、黎一乐、张锡球等发起，海内外乡亲捐资，重修石鼓公园及抗日英雄纪念亭和纪念碑。以下这些大环村英烈，值得后人铭记：黎民惠、黎源仔、黎少华、黎耀焜、吕鉴洪、黄润五、黄乌禾、吕康就、张信友、黎耀容、张寿耳、柯章源、张榕根。

○ 华佗庙正门

华佗庙

　　常到华佗山公园的人知道，公园内有一座古老的建筑，那就是大环华佗庙。

　　华佗庙是中山清末庙宇建筑的典型，具有较高的历史价值和建筑艺术价值，建于清光绪二十八年（1902），1993 年 6 月重修。建筑坐东北向西南，砖木结构，硬山顶，灰塑博古脊，素胎瓦，青砖墙，正面麻石门框，门前有石级。1990 年，该庙被中山市人民政府公布为中山市文物保护单位。

从远处看，这座古色古香的庙宇在山林间若隐若现，与周围环境融为一体。华佗庙不大，不过在农历初一、十五，常有人前来上香，祈求阖家平安、事事顺心、身体健康。农历大年初一的时候，村中的村民都会到庙里烧香祈福，燃放鞭炮。华佗庙和华佗山公园相邻，到了其中一个地方，另一个地方就近在眼前。

○ 华佗庙的主庙

○ 由正门通往华佗庙的石阶梯

在大环村游玩，若是逛累了，饿了，可以到张家农庄吃上一顿。

张家农庄在大环村村口往南朗方向不到 100 米处。庄主是大环村人，来店里吃饭的客人也大多说着大环村话。农庄方便了村里的人，让他们不用专门外出觅食。简单朴实的农家菜风味十足，还吸引了不少外地食客。

○ 榴莲卷

○ 酱汁五花肉

○ 南乳排骨

○ 羊肉锅

○ 张家农庄

公交车指南：

027 到珊洲站

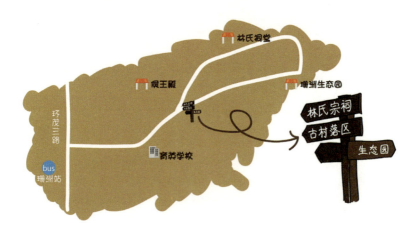

　　珊洲古村位于火炬开发区东南角的工业园区旁，是明朝建村的古村落之一。据中山市档案馆资料记载，这条位于山坳内的珊洲村多面环山，夏天酷热似焦，建村初期被称为"山焦坑"。清道光七年（1827），中山全县建制变更，将原来的11个坊改为9个都，珊洲村属于当时"四大都"管理，且把"山焦坑"改名"山州坑"。新中国成立后，其地名统一规范为"珊洲"。

　　以前到珊洲古村很不方便，现在不一样了，铺设了水泥路把古村与外部联接起来。从环茂路进入珊洲村，只要十来分钟。目前只有一路公共汽车进入村内，不过车的班次很多，所以也很方便。

林氏宗祠

　　进入珊洲村沿着河涌向前走，跟着指示牌就可以找到林氏祠堂。

　　林氏祠堂坐东北向西南，三间两进，砖木结构。硬山顶，博古脊，绿琉璃瓦当，青砖墙。头门前廊施雕花博古梁架，外檐板木雕花鸟图案。两侧山墙墀头饰瑞兽灰塑。大门外砌花岗岩石框，上部悬挂木匾，阳刻"林氏宗祠"。珊洲林氏宗祠体现了中山清代祠堂建筑的特色。如今祠堂建筑的许多细节已经模糊不清，不少地方甚至铺上了厚厚的灰尘。希望这些珍贵的老建筑能够得到更好的保护。

○ 林氏祠堂

○ 崇礼堂

珊洲村碉楼

　　珊洲村有天然的山体作为保护屏障，与火炬区其他村落相比，没有过多的碉楼、炮楼等防御建筑。从历史上看，珊洲村只出现过两座炮楼和五座碉楼。如今，村两头的东西炮楼已被拆除，村民共同出资建造的两座"公家碉楼"及另一座私人碉楼也已了无踪迹。目前，珊洲村只剩下两栋私人碉楼依然矗立在珊洲生态园的对面。

　　两座碉楼的外墙上可看到不少不规则的小坑，那是抗日战争时期横门保卫战期间留下的弹孔，是历史的印记。

○ 从珊洲生态园里看到的碉楼

○ 珊洲村仅存的两座碉楼

珊洲生态园

　　作为火炬开发区秀美村庄工程示范点，珊洲村近年来结合自身自然环境和文化特色，投入1100多万元规划建设"珊洲生态园"，打造"山水诗画型"的秀美村庄。

　　生态园包括五大项目：一个大文化广场、两个新旧生活区、三间古寺庙、四个连环景、五里环山绿道。五大项目完成后，为广大游客提供了一个绿色生态观光的游览点，也为城里人提供了一个体验农村休闲健身的好去处。生态园内有百花园、百果园、桃花园、钓鱼池、观景亭、莲花池、栈道、"万年荫"古树等景观，徒步其中，舒心惬意。生态园跟林氏祠堂相近，随意走走就能找到。若找不着，那就问问淳朴的村民，他们都很乐意告诉你。

○ 百果园

○ 观光亭与百花园

○ 摘果子

○ 紫红的桑果，
味道酸酸甜甜，让人
忍不住咽口水

酸酸甜甜
好好吃！

○ 百果园内有一大片桑葚林，每当成熟
季节，桑果就挂满枝头

◆ **林南寿——龙门县抗日英勇牺牲**

林南寿，1944 年 8 月参加中山人民抗日义勇大队，1945 年 7 月在龙门县作战牺牲。牺牲前是东江纵队江北指挥部解放大队一中队队员。

○ 亚叔扒房 logo

◆ **林志强——阿叔打拼香港餐饮业**

林志强，18 岁开始学习厨艺，被圈内人称为"阿叔"。阿叔曾经在香港百乐酒店、希尔顿酒店、Moon Hotel 以及美国、荷兰等地担任厨师，并一度承担起酒店员工培训的重任，有"教授"之称。

20 世纪六七十年代，林志强在香港开办了自己的第一家牛扒餐厅——金凤大餐厅。现在金凤大餐厅已经成为香港百姓"锯扒"的首选之地。2003 年起，林志强在家乡中山开办了第一家主营西餐扒类的港式西餐扒房——亚叔扒房，为中山人带来了地道的牛扒美味。现在，每逢周末时间，亚叔扒房门口经常出现排长龙等座位的现象。

阿叔为人慷慨，乐善好施。他捐资 40 万元在珊洲村内建造的康乐中心于 1994 年落成开放。康乐中心提供棋牌、健身器械、娱乐设备等多种设施给村民使用。此外，他还大力支持珊洲小学、珊洲市场的建设以及村内侯王殿的重建等。据不完全统计，他为村里捐款达 130 多万元，居村里个人捐款之首。

○ 亚叔扒房出品

○ 侯王殿

○ 康乐中心（现为中山市火炬区海滨居家养老服务中心）

○ 珊洲小学（由于珊洲小学已经合并到小隐小学，现址为育英小学，提供给外来务工人员子弟上学）

跟火炉没有关系的灰炉村

公交车指南:

061、027 到灰炉村南路口站
068 到灰炉村口站

　　火炬区灰炉村建于清朝,距今已有130多年历史。现在灰炉村已经成了灰炉小区,但是老一辈的人还是习惯称之为灰炉村。

　　随着经济的发展、生活条件的好转,村民都住上了砖房,如今村中保留下来的蚝壳墙屈指可数。

　　相传灰炉村开村时背山面海,盛产蚝。蚝壳烧成灰后可以用来建房子。因此,那时村里的房子几乎都是用蚝灰建造的。蚝灰房冬暖夏凉,坚固耐用,据说还能抵挡枪炮的攻击。蚝灰墙呈灰白色,凹凸不平,阳光斜射在墙面上,极具线条感和雕塑感。随着村里蚝灰房的不断增多,久而久之,村名也就定为灰炉村了。

○ 蚝灰墙

○ 蚝壳

三大古棉树

　　灰炉桥边上有三棵一百多岁的木棉树。每逢三月，木棉花争相竞放。这三棵木棉树不仅是古树，还是"英雄树"。抗日战争时期，三棵木棉树的所在地是"横门保卫战"的主要前沿阵地，可以说，它们见证了战争的胜利。对于村民来说，它们就如同英雄一样守护着村子。

　　春雨过后，遍地是木棉花，红彤彤的一片，很有喜庆的感觉。地上的木棉花都是宝——木棉花晒干后可以用来煲汤，能祛除体内的湿气。

○ 村中的木棉树

木棉花汤所需材料

①干木棉花 4—6 朵

②猪骨 400 克

③薏米 25 克

④扁豆 25 克

⑤姜 1-3 片

⑥陈皮少许

⑦蜜枣 2 颗

干木棉花 4-6朵

扁豆25克

蜜枣2颗

陈皮少许

姜片1-3片

薏米25克

猪骨400克

木棉花汤制作方法

① 木棉花晒干后洗干净
或者浸泡，蜜枣、姜片、扁
豆和薏米洗干净备用

② 猪骨用烧开的水过一
下待用

③ 将所有材料放到锅里，先大
火再小火，约煲 1—2 小时即可

成品

天后宫

　　以前，灰炉村民以捕捞为生，为了祈求安全，村民在村里建有天后宫和土地庙。每年的农历八月初二，村里举行一年一度的盛事——土地诞，不少华侨不远万里赶回来。

○ 天后宫祭祀活动

○ 公园里的凉亭

灰炉公园与文化广场

　　灰炉公园是村民闲暇时最爱去的地方。常见村民三五成群聊天，带小孩，玩纸牌，还有做康体运动。而文化广场则是村里各项表演、颁奖活动的举办地。

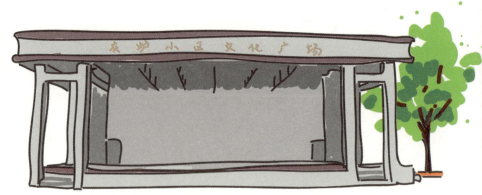

○ 灰炉小区文化广场

江尾头村的龙母诞

　　江尾头村的龙母诞是火炬区内一大特色民间文化传统。每到那一天，感觉就像过春节，又是放鞭炮，又是放烟花，还比过春节时多了一个抢炮的活动。那一天，整个江尾头村浓烟滚滚，除了有本地人聚集在此，还有不少外地游客慕名。

公交车指南：

046、084、212 到江尾头村站

○ 江尾头村牌坊

○ 龙母庙

　　传说数百年前，江尾头村的农田水稻受蝗虫侵害严重，村民想尽办法都制止不了。龙母娘娘托梦给一位村民：找几个童男抬起龙母娘娘神像，游田间一圈便可消除虫害。村民们照做后，第二天早上便发现蝗虫全部死掉了。又有一年，江尾头村爆发瘟疫，不少村民得病。当时医疗条件落后，村民束手无策。龙母娘娘又托梦：找几个童男，抬起龙母娘娘神像，由村头至村尾绕行一圈。第二天，得病的村民就不再需要服药，一个个好转起来。村民认为是龙母娘娘显灵。于是，周围的善男信女都来拜龙母。

　　后来，村里为纪念龙母娘娘五月初八诞辰，就在这天举行大型的纪念活动。

五月初八龙母诞那天，爆竹从村头摆到村尾，再从村尾摆到村头，爆竹声不绝于耳。龙母庙里香火鼎盛，庙外人头涌涌，热闹非凡。而最吸引人的还是抢彩胆。彩炮放完后，村民就可以抢彩胆了。据说幸运抢到彩胆的村民，未来一年内会事事顺利，心想事成。

○ 龙母宝诞的那一天会在村口摆置拱形气球

○ 舞狮助兴

○ 爆竹从村头摆到村尾，再从村尾摆到村头

○ 彩炮

○ 村中妇人制作煎堆

濠头村的北帝诞

农历三月初三是北帝的诞辰，俗称北帝诞。北帝诞庙会以祭祀为主，是流行于珠江三角洲一带的一个融民间信仰、世俗性、群众性、娱乐性为一体的综合性的传统文化活动。

当天一大早，濠头村民就会带着烧猪等各式祭品到北帝庙祭拜，还现场制作传统美食——煎堆。"煎堆碌碌，金银满屋"，煎堆寓意着美好的祝愿。祭祀活动中，爆竹是不可或缺的增添气氛的主角。长达 200 米的爆竹点燃后，整个场面一派喜气洋洋。

祭祀活动从早到晚持续一整天，中午有精彩的粤剧演出，晚上筵开 100 多席，分设在两个场地——灯光球场和北帝庙堂。

○ 祭拜

○ 粤剧表演

○ 长长的爆竹

大环村的端午节请龙王

到了端午节，大环村便举行请龙王仪式。虽然不是大型的庆典活动，但那是村民们每年祈求平安、安康的一个不可替代的仪式。早上在鞭炮声、锣鼓声中，村中的兄弟们抬着龙王石像，把龙王从华佗庙里请到村里。舞狮队跟随其后，绕村子走一圈，祈求大环村的村民安康如意。游行的最后会将龙王石像放置在一间专门建造的小房子里面，村民可以陆陆续续地到那里烧香供奉。整个仪式持续两三天，仪式完结之后，龙王石像会被送回华佗庙里。

农历八月初二土地诞

◆ 灰炉村

每年农历八月初二，灰炉村举行传统的土地诞。祭祀仪式在天龙社举行。一大早开始，锣鼓鞭炮声就不绝于耳。舞龙舞狮在村子里四处走动，祈求村民生活安康如意。

农历八月初二也是灰炉村的"老人节"。当晚，村里会在灯光球场处设宴酬老。村中老人可以免费吃饭、看表演，听粤剧，还可以领取"祝寿金"。

○ 天龙社

○ 舞龙舞狮在村中游行

○ 聚餐

◆ 西樵村

西樵村的农历二月初二是土地诞。村民带上三牲、饼食鲜果等祭品，上山祭拜，一为答谢神恩，二为祈求在新的一年里保佑村民安居乐业。

在这一天，醒狮、舞龙、放烟花、燃烧爆竹等都是少不了的。长达300多米的爆竹由西樵公园的山脚侯王庙烧到山顶镇龙社亭，爆竹声连绵不断。晚上，全村老人欢聚一堂，共进晚餐，其乐融融。

○ 村民用挑担抬烧猪上镇龙社亭

○ 村民在镇龙社亭前敲锣打鼓

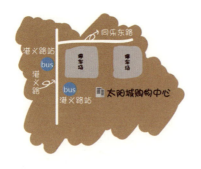

公交车指南：

B12 到港义路站

中山东部 CBD——太阳城购物中心

作为女生，小蓝怎么可能对购物无动于衷？快跟小蓝来中山东部 CBD——位于中山火炬区科技新城正中央的太阳城购物中心逛逛。

太阳城购物中心建筑面积接近 8 万平方米，欧式建筑风格，颇具气势。

太阳城购物中心吸引了多家知名品牌商家进驻，如 KFC、京华量贩式 KTV、潮苑大酒楼、苏宁、沃尔玛、波士顿西餐厅、益华百货、京华西饼屋、六福珠宝、卡西欧、必胜客、京华保健沐足中心和中影影城等，吃喝玩乐一应俱全。

○ 太阳城购物中心正面

各种吃的都有!

○ 各种吃的都
可以在里面找到

一展歌喉

○ 可以看上一场电影或到 KTV 一展歌喉

○ 买买买！

打折？
当然是
买买买！

还有不少大人
小孩都喜欢的
室内游乐设施。

金汇广场

　　还没逛够吗？通过便利的交通，还可以到位于火炬区东镇大道与康祥路交界的金汇广场。该广场位于张家边比较兴旺的地段，占地面积不大，但却是麻雀虽小五脏俱全，餐饮、购物、住宿应有尽有。假日的时候，随着人流的增多，这里也增添不少生气。

公交车指南：

023、032、060、212、B12、027、073 到张家边市场 B1 站

001、062、063 到张家边市场 B2 站

046、065、212 到明珠广场站

023、027、032、060、061、065、073、B12 到张家边商业街站

○ 金汇广场

○ 各式美食

○ 金汇广场外街

○ 金汇广场内街

平凡而不简单的美味

公交车指南：

061、027、065、B12、
032、060、023、073
到张家边商业街站
（往康怡路，110米左右）

◆ "碟头饭"

"碟头饭"是"快餐"的粤语叫法。在快节奏的今天，中午吃什么绝对是个实际大问题。能让人"秒定"的食店不多，海冰洋食店就是这少数"怪物"中的一个。经过20多年的风吹雨打，金字招牌依旧立在那里，证明了它在火炬人心中占有一定的分量。店内装修简朴，出品却满足了许多的吃货，做到了平凡而不简单。"薯仔（或萝卜）牛腩饭"、"支竹（或咖喱）牛腩饭"、"茄子肉片饭"最为吸引。

我的标配午餐。

○ 炖汤

○ 茄子肉片饭

每天中午都要想想吃什么这一个难题……

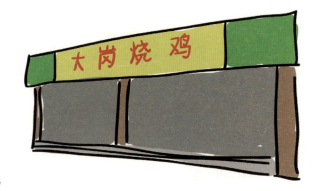

◆ 大岗烧鸡

　　去北京要吃烤鸭，来火炬区就要尝尝大岗烧鸡。大岗烧鸡皮脆肉嫩，其独特的广东风味吸引了众多的食客。店内面积很大，半自助模式，菜品用铁盘装盘上桌，分量十足。吃货、大胃王千万别错过，定可酒足饭饱而归。

公交车指南：

302、34、B17　到康乐大道中站

034、060　到健康花城站

康乐大道

bus 康乐大道中站

大岗烧鸡

bus 健康花城站

○ 烧鸡

○ 烧排骨

招牌烧鸡!

○ 白灼茄子

○ 辣椒豆角

菜色的分量都很足呢!

○ 茂生香蕉

享誉盛名的美食

◆ 茂生香蕉

　　火炬区茂生村一带出产的茂生香蕉早已声名远扬。茂生香蕉已种植近一个世纪。香蕉一直是茂生村一带的主要农作物。茂生香蕉当年与"神湾菠萝"齐名。当时大批的茂生香蕉被收购运往日本，现在基本上都是村人种植自己食用。

公交车指南：

060、068 到茂生村站

沿岐东五路

bus 茂生村站

茂生村

○ 蕉蕾

○ 蕉蕾粥

① 生大蕉 500 克

② 薏米、扁豆、瑶柱、茨实若干

③ 猪骨 500 克

④ 蜜枣 3 颗

⑤ 姜片 3 片

生大蕉老火汤制作方式

①

将已清洗干净并切成粗段的生大蕉用开水过一下，把皮的涩味去掉待用

②

猪骨用烧开的水过一下待用

③

待水烧开后，把洗干净的薏米、茨实、扁豆、瑶柱、蜜枣、姜片、生大蕉、猪骨放入。大火煲 15 分钟，再小火煲 60 分钟左右即可。最后记得放盐调味

成品

○ 咀香园工业
区内的大型雕塑

咀香园杏仁饼

提起中山美食，咀香园杏仁饼不可绕开，是常见的中山手信之一。

中山的杏仁饼，以百年老字号咀香园生产的为正宗，规模最大，质量最佳，故又称咀香园饼。咀香园杏仁饼始创于 1918 年，因饼外形似杏仁而得名。起初是家庭自作自食，后改进并大量生产，外形改为圆形小饼，饼身松脆，饼心香甜，入口松化，风味独特。

咀香园的发展经历了三个阶段：清朝末年萧家自梳女佣工制成名饼、民国时期为防假冒刊登打假广告、新中国成立后沿用木印饼模。现在工厂设于火炬区。

咀香园以其独特的魅力和过硬的质量，赢得了广东省著名商标、"中华老字号"称号、"百城万店无假货"示范店、AAA 级"国家标准化良好行为企业"、"全国工业旅游示范点"等荣誉。

公交车指南：

060 到健康基地站

咀香园厂区现在对外开放，游客可以前去体验做饼的乐趣。

咀香园厂区内放置了多个大型雕塑，如杏仁饼和饼模的大雕塑，极具特色。厂区内还有一个国家 AAA 级旅游景区，全国工业旅游示范点，里面有制作杏仁饼的体验区、介绍杏仁饼工艺演变的历史观赏区。此外，还可以到生产车间观看咀香园员工手工制作杏仁饼的过程。咀香园里设有购买手信的区域，让游客选购。

各大超市都有销售，现在还有专卖店。

○ 咀香园

○ 参观制饼过程

○ 体验做饼的乐趣

○ 咀香园厂区

◆ 中港城海鲜酒楼

中港城海鲜酒楼是镇区民众喝早茶的好去处。烧卖、小笼包、蒸排骨等经典粤式早茶点心，每一样都让人口水直流。酒楼的菜式味道也比较符合广东人的口味，咸、辣适宜，大人、小朋友都喜爱。内部装饰古色古香，还有小桥流水，安静而优雅。酒楼一直以来坚持走平民价格路线，深受各位街坊的喜爱。另外，中港城海鲜酒楼的位置佳，停车方便。

公交车指南：

001、062、
208、209、
212、B13
到番中路口站

○ 酿尖椒炒牛肉

○ 铁板鹅肝酱茄子

○ 鲍汁杂菇煲

○ 招牌咸鸡

○ 烧鹅

○ 桑叶蒸本地鸡

○ 渔苑食家

◆ 渔苑食家

　　在都市里吃多了大鱼大肉，如果想尝尝农家菜，渔苑食家是个不错的选择。店内田园式的设计，且种着许多植物，让食客有在自家院子里进餐的感觉。渔苑食家开在村子里，但还是吸引了不少火炬区以外的中山人及市外食客慕名前来。

公交车指南：

068 到灰炉村口站

027、061 到灰炉村南路口站

○ 猪肚白果

○ 鹅杂炒菜心

◆ 洋关水闸

　　如果你问我，在火炬区有没有吃海鲜的地方，我的答案是：洋关水闸不会让你失望。洋关水闸位于火炬区东利村，由于临海，所以是出了名的海鲜产地。

　　要去洋关水闸，可以自驾车或者乘坐公交车。如果自驾车的话，导航目的地设置为小引水闸比较容易找到。乘坐公交车的话，就在生物谷站下车，下车后需要步行一段路程才能到达。

公交车指南：

060、062、068、b13 到生物谷站

○ 各式海鲜

◆ 鸿记海鲜酒楼

　　鸿记海鲜酒楼新开张不久，环境宽敞、舒适。宴客、结婚办酒席、日常早茶，它都是不错的选择。由于出品味道不错，很多街坊都喜欢到这里喝喝茶，吃吃点心。鸿记附近的公交站不多且远，建议最好还是自己驾车或者打车前往。

公交车指南：

033、208、212、B13 到张家边路口站

001、023、027、032、060、062、063、073、212、B12 到东镇大道站

◆ 梁记潮汕砂锅粥

　　潮汕美食闻名遐迩，如果想在火炬区品尝正宗的潮汕味道，那就要到梁记砂锅粥了。它是食客的福音。为什么这么说？因为它一直营业到次日凌晨五点。不管是傍晚晚餐时段，还是夜里或是凌晨，只要你嘴馋或饿了，这里总是开门迎客。若是夜里唱完 KTV 出来想找点吃的，来这里准没错。

公交车指南：

023、027、032、060、073、212、B12
到张家边市场 B1 站

001、062、063 到张家边市场 B2 站

○ 沙虾粥

○ 卤水拼盘

○ 芥蓝牛肉

潮汕风味

○ 小吃

◆ 蔓菊餐厅

　　蔓菊餐厅是火炬区首家主理东南亚特色菜的餐厅，其中以泰国菜特别突出。泰式咖喱系列、冬阴功海鲜汤等都是食客常点的菜式。餐厅的香料与酱料都是选用泰国进口的，其出品带给食客一种独特的异国风味。餐厅装修风格优雅，适合家庭聚餐，朋友聚会。

公交车指南：

023、063、212、073、208、B13、084 到翠岭路站

○ 石锅咖喱

○ 三文鱼骨腩

○ 冬阴功海鲜汤

○ 香芒牛肉

○ 马来盏炒通菜

◆ 丰足食店

丰足食店其貌不扬，经营时间也不算长，却是一家价格实惠又味道不错的食店。无论是周末还是工作日，前来吃早餐的客人都很多，中午更是爆棚满座。这里没有晚餐和夜宵供应，想品尝这里的美食的话，还请早点来吧。

○ 煮面的地方

公交车指南：

12、208、023 到陵岗村站

B1、B12、B17 到陵岗站

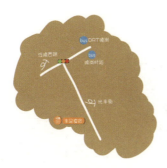

○ 猪扒混沌面

○ 咖喱鱼蛋

○ 猪扒面干捞

○ 咖喱豆腐

○ 烤鸡翅

◆ 五星村商业食街

　　五星村有一条商业食街，各式美食让你吃得不想走。晚上的时候适合和朋友一起在这喝上几口小酒，点上几个小菜，一边品尝美食一边好好聊天。

公交车指南：

002、001、027、
033、032、062
到五星管理区站

○ 猪肚鸡

○ 小吃

○ 水煮鱼

○ 一排食店

◆ 梁山庄园

○ 大头鱼、豆腐、乳鸽

位于火炬开发区环茂一路与玉泉路交叉口附近的梁山庄园，环境优美，出品美味。主打的特色大盆鱼，选用新鲜水库鱼，不添加姜丝也不担心有腥味，肉质鲜嫩可口。

公交车指南：

027、061 到环茂二路站

◆ 一品御厨

一品御厨环境优美，早茶茶点味道一流。在这泡上一壶茶，和亲朋好友谈天说地，一口茶一口点心，收获一整天的好心情。

公交车指南：

032、34、B17 到康乐大道中站
068、B12 到得能湖南门站

○ 麦香包

○ 潮式炸芋卷

○ 生煎包

○ 精致点心

◆ 仁一起面包工坊

"手工制作"、"私家烘焙"越来越流行，仁一起面包工坊就是其中一家，其出品健康新鲜。生产制作的工坊就在店里面，透过玻璃窗可以看到制作面包的环境，顾客吃得新鲜又吃得放心。

公交车指南：

073 到凯茵生活区站

○ 新鲜出炉的面包

○ 烧饼

○ 各式面包

每逢春节蒸年糕

　　春节前，火炬区老一辈的妇女（指妈妈、奶奶们）都会蒸年糕（蒸年糕寓意着"步步高升"），然后在大年初七的时候开糕。蒸年糕的时候，她们充满激情，有说有笑，兴高采烈。春节期间，有客人来家里拜年或者去别人家里做客，大家都会将目光放在年糕上，当看到让人眼前一亮的年糕时都会由衷地说："哇，蒸得好啊，很高呢！"

　　年糕要蒸得好不是一件容易的事。想知道如何蒸年糕吗？那就要问问老师傅了。

制作传统年糕所需要的工具以及材料

（以下是老师傅提供的资料，全凭经验及手感）

① 糯米粉 2 包（约 500 克）

② 黄糖约 500 克

③ 糕笼（内径约 16.5 厘米）

④ 蕉叶若干（能覆盖糕笼的内壁及底部即可）

⑤ 大锅 2 个

⑥ 汤勺 1 个

⑦ 红枣 4 颗

⑧ 橘子 1 对

⑨ 利是（红包）1 封

⑩ 宽约 1 厘米，高约 20 厘米的竹子 6 条，红头绳、牙签若干

①

蕉叶洗干净后用水煮一下

②

晾干蕉叶后将其放入糕笼底部以及内壁，用竹子、红头绳和牙签固定好

③

取一锅将黄糖用适宜的水煮溶

④

将糯米粉倒入黄糖水中搅拌均匀

⑤

搅拌均匀的面糊倒入垫好蕉叶的糕笼中

⑥

放入大锅里蒸12个小时（由于我们使用的是传统的柴炉，用木头来烧火，所以需要人工添柴）

⑦

取出糕笼，拆下固定在蕉叶上的竹子、红头绳和牙签。轻轻地，慢慢地拉开围裹在年糕周围的蕉叶，让年糕露出一点即可

成品

最后，在糕面放入4粒红枣，再放一对小橘子，一个红包装饰

年糕除了能蒸来吃之外，还可以直接切条切片吃或切片之后油煎（特别香口）。

传统年糕的吃法

① 温蒸

② 切条 or 切片　蕉叶

③ 喵喵～　油煎

火炬区工业发达，生态环境也很好，有很多便民、利民的公园。清晨或傍晚，到公园里跑跑步，或者悠闲漫步呼吸新鲜的空气，是一大乐事。除了前面介绍过的大环村的华佗山公园和石鼓烈士公园，还可以到以下公园逛逛。

得能湖公园

想看荷花，或者想了解一下清廉文化，不妨到得能湖公园。

得能湖公园是宣传清廉文化的主题性公园，公园的"迎宾石"正面有书法家题写"得能湖文化主题公园"九个大字，背面刻有"社会主义核心价值观"的内容。"迎宾石"以展开画轴的形式立于入口处，寓意"书卷诗文有风有骨"。

公交车指南：

068、B12 到得能湖南门站

公园内用莲花寓意正骨、清廉。公园里面的小凉亭，起名均与莲花相关，显得特别雅致。如"爱莲亭"，取自北宋哲学家周敦颐著名的《爱莲说》："予独爱莲之出淤泥而不染，濯清涟而不妖，中通外直，不蔓不枝，香远益清，亭亭净植，可远观而不可亵玩焉。"再有"观莲亭"，以"观"谐"官"，以"莲"谐"廉"，取"为官必须清廉"之意。

游人漫步于此，不仅可以观赏爱莲池中摇曳的荷花，又能感悟应常观己行恪守清廉的深刻内涵。

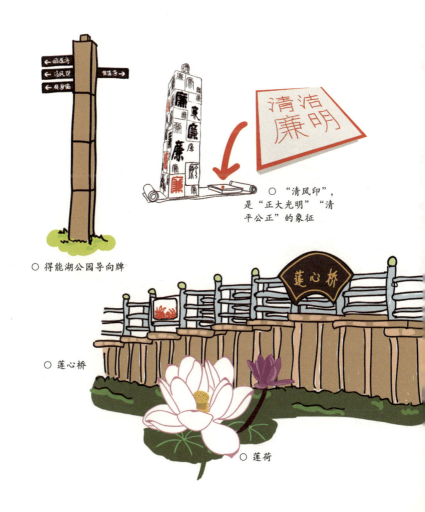

○ "清风印"，是"正大光明""清平公正"的象征

○ 得能湖公园导向牌

○ 莲心桥

○ 莲荷

每年 6 月，湖面上满满的荷花争相盛开，发出阵阵清香。

平日里，在工作忙碌过后，独自一人来到得能湖公园，看着湖面荡起的涟漪在阳光的映衬下闪闪发光，内心的烦恼便抛诸脑后了。假日里，很多小朋友会跟着父母到此玩耍，大朋友们也爱来此拍照发上朋友圈。另外还有音乐爱好者在凉亭里演奏，吸引不少观众围观，好生热闹。

○ 满湖荷花

据悉，得能湖公园将要升级改造，重新定位为以荷花池景观为特色，融生态保护、科普科研、观光旅游、休闲运动为一体的综合性社区体育公园。在功能分区上将依据场地的性质，合理规划设计，着重打造七大特色分区：主入口广场区、中心湖区、法治教育园区、童趣游乐区、海绵城市示范区、活力运动区以及管理服务区。

升级后的得能湖公园将会给大家一个耳目一新的全新面貌，敬请期待。

○ 在公园里玩耍的小朋友

○ 音乐爱好者在观莲亭里演奏

▲▲ 西桠公园

　　西桠公园在小山上，要一步一步地沿着石阶梯走到山顶上才能到达。石阶梯很宽敞，能容纳多人一起走。公园在树林中，从山顶处可以透过树叶的夹缝看到远处一片片密集的居民楼。早上附近的村民都会前来晨运，舒筋健骨。春节的时候，西桠的村民会来到公园，敬上香火，燃放鞭炮，祈求来年事事顺心。

公交车指南：

065、12、073、
060 到西桠站

○ 西桠公园山底下的侯王庙

○ 侯王庙旁边的镇龙亭　　　　　○ 山顶上的镇龙社亭

○ 通往西樵公园的上山路

生态公园就在身边　　105

张家边公园

　　张家边公园位于"飞蛾岭"，俗称"后门架"，于1997年重阳节对外开放，是火炬区第一个园林式公园。公园在保留原有的地貌上加以人工的修饰，建有亭台楼阁，植被繁多。

　　张家边公园里还有许多娱乐设施。传统的溜冰场上播放着迪斯科音乐，还有碰碰车场、小鬼屋、全民K歌场等，当然还有各类小游戏，如扔圈圈，扔毛毛玩具……如今，这些已经不是什么新鲜玩意，可曾承载着一辈人的记忆。

公交车指南：

001、033、046、061、062、063、208、B13
到火炬职院西门站（公园就在车站隔壁）

○ 张家边公园正门牌坊

○ 张家边公园中庭

○ 碰碰车

○ "丢公仔"游戏

○ 园内鬼屋

○ 张家边公园一角

　　此外，通过观音庙的后门，能直接从张家边公园进入观音庙。观音庙香火鼎盛，本地居民都会来烧香祈福。

○ 观音庙

　　翠步公园与张家边公园是"邻居"，通过一条长廊相连。翠步公园园内没有娱乐设施，却有一大片供烧烤的区域。到公园里逛的除了一些叔叔阿姨外，还有年轻人。清风习习，加上静谧的环境，可使人身心都平静下来。

　　园内有个东镇亭，登上亭子后，张家边的风景一览无余。

○ 翠步正门

○ 东镇亭

○ 通过长廊，可以从
张家边公园到达翠步公园

○ 休息亭

○ 烧烤场

🔺 沈渭廷纪念公园

沈渭廷纪念公园是纪念性的公园。

沈渭廷，人称渭廷公，1875 年出生于窈窕村，一生艰难坎坷，但其坚定的信念、高尚的情操却一直保持不变。虽贫困不移正直，富裕不忘为善，居侨国不忘故乡。他在总结一生时说："做人要有德、礼、忠厚，才学勤中得，富由俭里来。和蔼终益己，暴必招灾，行善真君子。"

○ 沈渭廷先生生平简介

公交车指南：

033、208、B13、212 到张家边路口站

这个公园面积不大，为了纪念沈渭廷先生而修建。公园建成后，为附近村民多提供了一个歇息的选择，也让小朋友多了一个玩耍的地方。

○ 沈渭廷纪念公园
里的小石亭

○ 沈渭廷纪念公园
入园左边的石碑

○ 沈渭廷纪念公园内景

▲▲ 规划中的五马峰公园

　　说起公园，不能不提一下规划中的五马峰公园。它尚在规划中，但是让人期待。

　　据悉，广珠城轨中山站片区北起沿江路，南至孙文东路，西接长江路，东靠京珠高速公路，规划地面积 675.80 公顷。片区中的五马峰农林用地调整为公园绿地，将建设五马峰公园。公园规划保留原有的村落人文景观，分 4 大区域：梦回南国文化展区、桃园花境艺术品赏区、香林生态艺术养生区、濠乡历史民俗风情区。

　　公园建成后，小伙伴们将有一个更大的、全面的、健康的主题公园。敬请期待吧！

○ 五马峰公园 4 个主题区

○ 五马峰公园用地规划

历史的痕迹

在火炬区，有几个清代建筑保存下来，反映出了历史的痕迹。

○ 三仙娘
山炮台外墙

三仙娘山炮台

炮台位于张家边三仙娘山的南坡上，建于清咸丰四年(1854)，占地面积约 120 平方米。炮台平面呈半圆形，北面有 12 个炮位，原有三支铁炮，现已失佚。炮台用夯土墙修筑，墙高 4 米，厚 1.15 米。三仙娘山炮台在 2009 年被评定为中山市文物保护单位。现在整座炮台内杂草丛生，其中一个炮位的墙垛甚至已经被榕树的树根覆盖，部分墙体也被植物撑裂。

公交车指南：

001、25、34、212
到开发区交警大队站

○ 驻兵室外墙的部分轮廓

水洲山炮台

公交车指南：

046、061、065、068 到火炬软件园站
046、061、065、068 到纬创科技园站
061、068 到中炬新天地站
046、061、068 到国碁公司

　　水洲山炮台位于沙边村的水洲山上，建于清咸丰四年（1854），占地约 660 平方米，平面呈八角圆形。炮台用夯土墙修筑，高 4 米，厚 0.9 米。水洲山炮台于 1990 年被评定为中山市文物保护单位，近年还被列入广东省文物保护单位。水洲山炮台见证着火炬区的发展，现已被茂密的植被包围着。游人不能靠近炮台，但即便远观依然能感受到其雄姿。

○ 远处观望被植被包裹的水洲山炮台

○ 水洲山炮台

下岐山炮台

　　下岐山炮台位于下岐村下岐山的山坡上，建于清咸丰五年（1855），占地面积约80平方米，夯土墙修筑，平面呈半圆形，向北面有7个炮台，原有1只铁炮，现已遗失。长时间失修导致炮台大部分已倒塌，加上山上林木灌丛密集，杂草丛生，炮台似乎要被茂密的植被吞噬。

　　下岐山炮台是目前三个炮台之中唯一可以登上去观赏的。

公交车指南：

061、27 到下岐村站

○ 下岐山炮台一角

○ 下岐山炮台一景

黎村古庙

在下岐山村中，还有一个历史久远的黎村古庙。如今它伫立于杂草中，已经荒废，但庙门保留下来了，"黎村古庙"的字样也能够清楚地分辨出来。古庙始建于清道光癸卯年（1843），光绪二十年（1894）重修。走进古庙堂内，可以看见一块石碑，石碑上记录了光绪年重修和募资的情况。

公交车指南：

061、27 到下岐村站

○ 黎村古庙　　　　　○ 古庙内部

蓬勃的高新技术区

近年来，火炬区的经济、科技发展很快，既继承了历史留下来的宝贵文物、人文气息，还不断向前蓬勃发展。

新区新貌之火炬国际会展中心

中山火炬国际会展中心位于中山港康乐大道，是经中山市人民政府投资建设的集现代建筑艺术、服务设施于一体的高智能、现代化专业展览场馆。

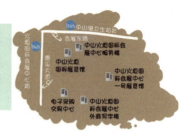

公交车指南：

032、34、36、063、B17 到火炬国际会展中心站
001、032、B13 到中山港卫生站站

○ 国际会展中心

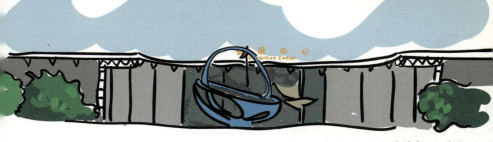

○ 会展中心一号楼

会展中心经常举办各种展览，如设备展、书画展、兰花展、动漫展、美食嘉年华、科技展等。展览时人山人海，异常热闹。参观的人很多，但展馆很大，不会显得拥挤。

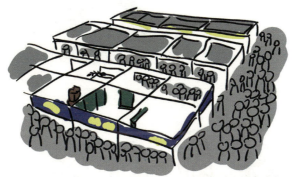

○ 人潮涌涌的展会现场

○ 科新电子采购交易中心

○ 兰花展

○ 动漫展

○ 装备制造业博览会

○ 美食嘉年华

○ 国际儿童动漫嘉年华

新区新貌之产业基地

随着经济的高速发展,火炬区形成了七大产业基地,涵括了由沙边村—中山港—珊洲村—马鞍岛等大片区域。

◆ **国家健康科技产业基地**

中山国家健康科技产业基地成立于 1994 年。目前,国家健康基地药品区聚集了 200 多家企业,覆盖了生产、科研和经营销售环节,形成了完善的产业链条,吸引了与健康产业相关的人才、资金和技术。是全国首批创新型产业集群试点园区、国家新型工业化示范基地、国家现代服务业数字医疗产业化基地。

公交车指南:

060、062、068、B13 到生物谷站
068、070 到健康北路站

　　健康基地良好的产业环境吸引了世界知名的山德士制药、美国安士公司以及康方生物、美捷时包材、和佳医疗科技、乐心医疗电子、厚福应用科技、爱护日用品、德尚伟业生物科技、奥德美生物科技、京祥药业等公司，并培养了中智药业集团、三才医药集团等一批本土明星企业。

　　基地里面有个区域叫"生物谷"，开放给游客参观。生物谷大厦一楼开放参观，二楼以上是科研办公室。生物谷的主要产品是三七和钙片，三七就是我们常说的田七。

○ 生物谷大厦

◆ 中国绿色食品产业基地

中国绿色食品产业基地是由国家健康基地划分出来的"食品区"。聚集了曼可顿食品、美味鲜调味食品、咀香园健康食品、珠江啤酒、中联水产、恺撒威登等企业。凭借着"中国名牌产品"生产企业的品牌号召力，基地将吸引更多国内健康食品行业巨头进区投资，有力推动中山市乃至华南地区食品行业的快速发展。

○ 咀香园　　　　　　　　　　○ 恺撒威登

○ 珠江啤酒　　　　　○ 美味鲜　　○ 厨邦

◆ 中国包装印刷生产基地

中国包装印刷生产基地成立于 1999 年，是集产、学、研、贸于一体的国家级包装印刷产业基地。现有各类包装印刷企业 50 多家，涉及出版印刷、包装装潢、塑料包装、商标印刷、防伪包装、印刷制版、包装材料等。

◆ 中国电子（中山）基地

中国电子（中山）基地成立于 2001 年，以绿色生态工业园的理念规划建设，是华南地区最大的电子信息产业基地之一。它聚集了纬创资通、佳能、卡西欧、特灵空调、台光电子、波若威光纤通讯、北方光电、台耀科技等 30 多家大型电子、光学企业。

○ 卡西欧

○ 纬创资通

○ 佳能

○ 台耀科技

◆ 国家高新技术产品出口加工基地

园区内高新技术产业集中、机制灵活、人才密集，促进了出口产品结构的优化，加快园区的国际化进程。

◆ 中国技术市场科技成果产业化（中山）示范基地

中国技术市场科技成果产业化（中山）示范基地，北傍横门水道，南靠下岐山脉，依山傍水，风景秀丽宜人。园区以汽配、五金、电子信息、现代物流、电子新材料等产业为主。目前，已有武藏汽配、天马精密、盛邦强点电子、中国外运等百余家企业投入运营生产。

○ 武藏汽配

○ 天马精密

◆ 国家火炬计划装备制造中山（临海）基地

国家火炬计划装备制造中山（临海）基地位于中山火炬开发区马鞍岛，东临珠江口，北与广州南沙新区隔水相望，西连开发区中心城区，南与伶仃洋深水航道相通。

基地目前引进了立信门富士、广新海事重工等 22 个项目。

7 大产业基地的出现，给火炬区带来了更高的经济效益，同时带动了各个产业的迅速发展，也提供了更多的就业机会，使火炬区的外来人口数量大增。

新区新貌之广珠城轨中山站

　　位于火炬区内的城轨中山站建成并投入使用已经有一段时间了，但因班次较少，并没有预期中那么便捷。现在，随着政府对城轨中山站周围片区的规划、建设力度的加大，经停城轨中山站的线路增加，可以经由城轨中山站前往更多的地方。

　　城轨中山站使小伙伴的出行又多了一个选择。城轨也许是带父母一起出游的最佳交通工具，因为不少老人觉得飞机不稳妥，宁愿坐高铁或城轨。现在家门口就有如此方便的城轨中山站，你还不快点带上家人走起？

公交车指南：

002、005、007、018、039、061、090、B12 到城轨中山站

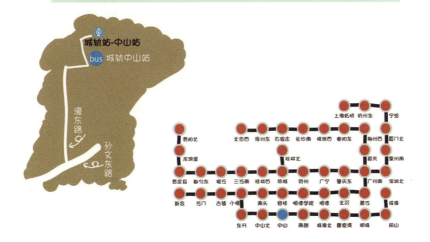

备受瞩目的"深中通道"规划与火炬区

近年来，"深中通道"规划备受瞩目。深中通道是连接广东省深圳市和中山市的大桥，建成后将成为连接珠江东西岸的重要通道。工程计划 2023 年完成。据规划报道，深中通道与火炬区交接有 3 个出口点。

随着"深中通道"项目的推进，火炬区的发展将不断提速，面貌日新月异。